SERMON

PRONONCÉ

DANS L'ÉGLISE DE SAINT-MAURICE DE BESANÇON

LE 5 SEPTEMBRE 1886

A L'OCCASION DES NOCES D'OR

DE

M. LE CHANOINE NICOLIN

CURÉ DE CETTE PAROISSE

PAR

Mgr BESSON

ÉVÊQUE DE NIMES, UZÈS ET ALAIS

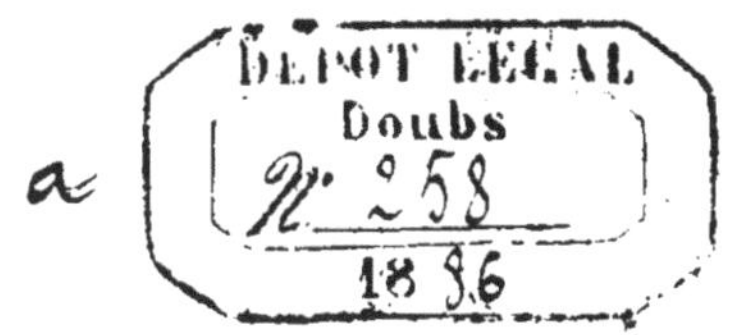

BESANÇON

IMPRIMERIE ET LITHOGRAPHIE DE PAUL JACQUIN

Grande-Rue, 14

1886

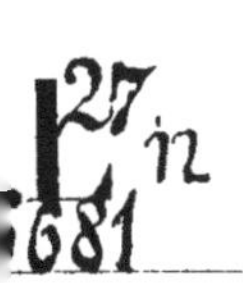

SERMON

PRONONCÉ

DANS L'ÉGLISE DE SAINT-MAURICE DE BESANÇON

LE 5 SEPTEMBRE 1886

A L'OCCASION DES NOCES D'OR

DE

M. LE CHANOINE NICOLIN

CURÉ DE CETTE PAROISSE

PAR

Mgr BESSON

ÉVÊQUE DE NIMES, UZÈS ET ALAIS

BESANÇON

IMPRIMERIE ET LITHOGRAPHIE DE PAUL JACQUIN

Grande-Rue, 14

—

1886

LES NOCES D'OR

M. LE CHANOINE NICOLIN

CURÉ DE SAINT-MAURICE DE BESANÇON

Le 5 septembre 1886, la paroisse Saint-Maurice a célébré le cinquantième anniversaire du sacerdoce de son respectable curé avec une véritable splendeur, et le concours de peuple qui s'est fait à l'église pendant toute la journée, particulièrement à la grand'-messe, témoigne bien en quelle estime est tenu le prêtre qui, depuis tant d'années, administre avec une si douce paternité cette importante paroisse.

Nous ne décrirons pas la richesse des décors, l'immense baldaquin au chiffre de M. l'abbé Nicolin, qui, placé à l'abside de l'église, en relevait l'ornementation, sans détruire en rien les lignes architecturales de l'édifice. Une magnifique estrade avait été dressée au chœur, et ses tentures en velours rouge, mettant en saillie les armes de NN. SS. les archevêque et évêques, donnaient un grand aspect au chœur. En même temps que l'on célébrait les noces d'or de M. le curé, on célébrait aussi celles de M. Arnaud, l'artiste bien connu qui, depuis 1836, tient le jeu d'orgue de la paroisse. A ce titre, le buffet de l'orgue avait été richement décoré, ce qui donnait à l'ensemble de l'église un grand caractère. M. Demangelle, le décorateur de nos fêtes religieuses, s'est évidemment surpassé dans cette circonstance.

A neuf heures et demie, toutes les cloches sonnaient et NN. SS. les évêques entraient à l'église. Mgr Foulon présidait ; il était entouré de Mgr Besson, évêque de Nîmes, Uzès et Alais, et de Mgr Theuret, évêque d'Hermopolis, administrateur de Monaco. La messe a été admirablement chantée par l'Orphéon bisontin, société formée et dirigée par M. Arnaud, et qui fait vraiment honneur à son maître. Après l'évangile, Mgr Besson est monté en chaire : on attendait avec avidité la parole du prédicateur dont le souvenir est resté cher au pays. Les brillantes conférences de Saint-Jean, qui ont porté à un si haut point la gloire de l'orateur, restent gravées dans tous les esprits. Mgr l'évêque de Nîmes a fait l'historique de la paroisse Saint-Maurice depuis son origine : sa fondation, son développement, ses pasteurs successifs, les œuvres nombreuses qui en font la paroisse pieuse par excellence dans notre ville, tel a été le vaste thème de l'orateur. Sa Grandeur, en signalant les divers curés de la paroisse, ne pouvait taire un nom vénéré entre tous, celui de M. l'abbé Busson. M. l'abbé Busson n'a pas été curé de Saint-Maurice, mais il a rempli dans cette église les fonctions de créateur et directeur d'une œuvre excellente entre toutes, l'Œuvre des filles domestiques. En quittant les Tuileries, où il était, en même temps qu'éducateur des fils de nos rois, secrétaire au ministère des cultes, M. l'abbé Busson était modestement venu se confiner dans un petit appartement, et on le voyait chaque matin, à quatre heures et demie, descendre de Saint-Jean vers l'église qui s'ouvrait pour recevoir le petit troupeau qu'il dirigeait et édifiait, oubliant la cour, les empressements des hauts fonctionnaires, oubliant surtout qu'on lui avait offert trois fois l'épiscopat et qu'il l'avait constamment refusé. On ne pouvait laisser dans l'oubli le saint directeur de la confrérie de l'Assomption ; sa figure a été noblement mise en relief par l'évêque de Nîmes, qui avait bien souvent dans sa vie pris les conseils de ce prêtre aussi savant que pieux.

L'orateur devait signaler les œuvres de M. l'abbé Nicolin ; il l'a fait avec autant de tact que d'exquise délicatesse. L'église Saint-Maurice a été restaurée avec goût. Le vaisseau en est petit, la décoration architecturale surchargée, elle n'offre rien de remarquable, mais elle est admirablement tenue. Par les soins du zélé pasteur, les autels ont été enrichis, les anciens vitraux remplacés, le jeu d'orgue rendu plus complet. Nous ne pouvons énumérer les intelligentes réparations faites à l'église, et nous indiquons avec l'orateur les œuvres de piété qui font de cette paroisse, placée au centre de la ville, la paroisse populaire et pieuse par excellence. Toutes les confréries, associations et œuvres y trouvent accueil, et, selon l'expression bien juste de Mgr l'évêque de Nîmes, « les cierges ne s'y éteignent pas. » C'est évidemment à cet accueil que cette paroisse doit l'excellent esprit de foi qui s'y est conservé, et ce ne sera pas la moindre gloire de M. le curé de Saint-Maurice d'avoir compris que, dans les œuvres de Dieu, celles qui sont la vie et le développement de l'Eglise, les auxiliaires, quels qu'ils soient, ne sont pas à dédaigner. Nous n'insisterons pas à décrire avec l'orateur les éminentes qualités du vénéré pasteur, il ne nous le pardonnerait pas ; mais il a pu voir, à l'empressement de son peuple, à l'émotion, aux larmes de l'auditoire, qu'il reste entre tous le prêtre aimé et vénéré, et nous pouvons, avec tous ceux qui étaient présents, résumer nos souhaits en sa faveur par ce mot du cœur, souvent répété, mais bien vrai comme expression de la pensée de son peuple : *Ad multos et felices annos !*

Après la messe, M. l'abbé Nicolin est monté en chaire, et a remercié avec une émotion mal contenue les prélats, le clergé et les fidèles. Nous sommes heureux de pouvoir reproduire ces paroles, que la plupart des auditeurs ont à peine entendues, car l'office s'achevait, et l'assistance, qui ne savait pas que M. le curé dût parler, quittait l'église. En somme, excellente journée, dont la paroisse conservera le précieux souvenir. Elle aimait son pasteur, il lui sera rendu plus cher encore par l'empressement qu'il a mis à l'associer au mémorial du plus grand acte de sa vie. La vieillesse peut amoindrir les forces physiques, elle ne diminue pas le cœur du prêtre ; au zèle des premières années elle ajoute l'expérience, et les familles, et la jeunesse, et les pauvres, et les pécheurs, viennent toujours à celui qui garde, à l'exemple du Maître, les paroles de vie.

SERMON

PRONONCÉ

DANS L'ÉGLISE DE SAINT-MAURICE DE BESANÇON

A L'OCCASION

DES NOCES D'OR DE M. LE CHANOINE NICOLIN

CURÉ DE CETTE PAROISSE

Ego sum pastor bonus ; et cognosco oves meas, et cognoscunt me meæ.
Je suis le bon pasteur ; je connais mes brebis, et mes brebis me connaissent. *(S. Jean, X, 14.)*

MESSEIGNEURS (1),

Il n'y a qu'un pasteur vivant, véritable et éternel : c'est l'Homme-Dieu, c'est celui qui a dit de lui-même : Je suis le bon pasteur : *ego sum pastor bonus.* Il n'y a qu'un bercail, hors duquel personne ne trouve le salut : c'est l'Eglise, qui a commencé avec le monde, s'étend à tous les lieux, embrasse tous les temps, et qui sortira tout entière des ombres de la vie présente, pour se

---

(1) NN. SS. Foulon, archevêque de Besançon, et Theuret, évêque d'Hermopolis.

transfigurer, avec les élus, dans les splendeurs de la vie éternelle.

Le Pasteur éternel est représenté ici-bas non par des anges, mais par des hommes à qui Notre-Seigneur Jésus-Christ a donné la mission de paître les âmes et de les amener au bercail. Le pape, vicaire infaillible de Jésus-Christ, est, à la tête de l'humanité, le vrai pasteur, et il en porte le titre avec une autorité devant laquelle s'inclinent les deux mondes. Chaque évêque, dans le diocèse où le pape l'envoie, porte le même titre et exerce les mêmes droits, sous la juridiction du pasteur suprême. Enfin le curé a, dans la paroisse où l'évêque le délègue, le devoir et le droit de dire à son tour : *Je suis le bon pasteur.*

Ainsi parle aujourd'hui, dans la cinquantième année de son sacerdoce, le curé de Saint-Maurice. Sa voix trouve un écho fidèle dans cette paroisse, dans cette cité, dans tout le diocèse. Il peut ajouter, sans crainte d'être démenti : Je connais mes brebis, et mes brebis me connaissent : *et cognosco oves meas, et cognoscunt me meæ.* Heureux bercail, l'un des plus pieux et des plus obéissants de l'Eglise de Besançon ! Heureux pasteur, à qui l'âge n'a fait qu'ajouter de nouveaux mérites, sans rien diminuer de son zèle ni laisser affaiblir son autorité ! Telle est la paroisse qui se présente aujourd'hui à son pasteur, parée de toutes les grâces qui la signalent à l'admiration publique ; tel est le pasteur que sa paroisse acclame et bénit, dans la cinquantième année de son ministère, sous la double couronne de l'âge et de la vertu. La gloire de l'un est aussi celle de l'autre, tant les brebis sont identifiées au pasteur et le pasteur aux brebis. C'est du bercail que je vais parler d'abord, et votre curé y reconnaîtra ses chères brebis. Je peindrai ensuite votre curé, et chacun de vous, achevant dans son cœur ce portrait à peine esquissé, en fera, avec sa reconnaissance et ses souvenirs, le portrait véritable du bon pasteur : *Et cognosco oves meas, et cognoscunt me meæ.*

I

Votre paroisse remonte aux premiers jours de l'antiquité chrétienne. Fondée par saint Sylvestre, évêque de Besançon, vers la fin du IVe siècle, sous le vocable de saint Maurice, elle porta avec éclat le nom de ce capitaine fameux, qui entraîna ses lieutenants et ses soldats au martyre, et qui fit monter avec lui toute la légion Thébéenne, du fond des gorges du Valais, dans la légion immortelle des anges. Chère aux rois de Bourgogne, enrichie de faveurs par les papes, desservie pendant onze cents ans par le chapitre métropolitain, fréquentée dans le XVIe siècle par la puissante maison de Granvelle, c'est dans cette église que le chancelier fait baptiser ses enfants, c'est là que le cardinal aime à prier, dans les loisirs que lui laisse, à Besançon, la politique ombrageuse de Philippe II.

Quand la congrégation de l'Oratoire vient s'établir

dans la cité, le chapitre lui cède, dès 1644, l'administration de la paroisse de Saint-Maurice. Les fils du
vénérable Bérulle n'y laissèrent que des traditions de
science ; l'école qui florissait sous leur règle ajoutait
encore à l'influence de leur ministère ; et le sculpteur
Luc Breton s'inspirait de leur goût religieux en décorant
leur maître-autel de ces deux anges adorateurs qui
expriment si bien, sous un marbre docile au ciseau
du maître, l'un le recueillement, l'autre l'extase des
esprits bienheureux abîmés dans la contemplation de
l'Eternel (1).

La révolution a banni les oratoriens ; mais la foi, le
dévouement, l'esprit de sacrifice, ne s'exilèrent point
avec eux. Il était dans les destinées de cette paroisse
d'échapper à la ruine commune et d'offrir, dans les
temps les plus difficiles, un spectacle d'édification. Seule
parmi tous les sanctuaires de Besançon, l'église de
Saint-Maurice ne fut pas profanée. De généreux paroissiens, parmi lesquels il faut signaler particulièrement
Mlles Mourey, se cotisèrent pour la racheter. Ils en
devinrent les propriétaires, en gardèrent les clefs, et y
continuèrent les exercices de leur piété, aussi discrète
qu'elle était fidèle. Ainsi l'église de Saint-Maurice n'a
pas cessé d'être, même au milieu des plus mauvais jours,
le refuge de la foi et l'asile inviolable de l'espérance.

---

(1) Ces deux anges sont aujourd'hui dans l'église métropolitaine de
Saint-Jean.

Dix ans s'écoulent et cette espérance se réalise. Dès 1802, la paroisse se reforme, le temple se rouvre, l'autel se relève, et c'est un confesseur qui vient y offrir publiquement le saint sacrifice. M. l'abbé Louvot, nom cher à la magistrature aussi bien qu'au clergé, n'eut qu'à se montrer pour rallier autour de lui, du palais Granvelle aux cloîtres de l'abbaye de Saint-Paul, les restes à peine dispersés de son troupeau. Tout recommence, ou plutôt tout se continue, car rien n'avait été interrompu dans la tourmente révolutionnaire, et le culte, pour avoir cessé d'être public, n'en était devenu que plus cher aux paroissiens qui l'avaient pris sous leur garde.

Le premier soin de M. l'abbé Louvot fut de recueillir les ossements des saints et de remettre leur culte en honneur. Sa paroisse comportait, dans sa circonscription, l'ancienne paroisse de Saint-Donat, voisine de l'abbaye de Saint-Paul, et qui, jusqu'en 1770, avait compté parmi les sept paroisses de la cité. Là étaient honorées, parmi d'autres reliques vénérables, celles de ce saint évêque, l'un des plus illustres qui se soient assis sur le siège de Besançon. La noblesse de sa naissance avait été dépassée par l'éclat de sa sainteté, les belles-lettres avaient consacré son nom aussi bien que les cloîtres, et des miracles nombreux avaient signalé son tombeau. Une si grande mémoire ne devait pas périr dans nos murs. Puisque l'église de Saint-Donat a disparu vers la fin du siècle dernier, on en conservera du moins le titre et le souvenir. C'est sous le vocable de Saint-Maurice et de Saint-Donat que votre curé dédie son église, et les reliques de saint Donat, rapportées avec solennité dans ce sanctuaire, lui donnent, aux yeux de la piété publique, une importance et une considération qui inaugurent les nouvelles destinées de la paroisse.

M. l'abbé Louvot porta ici, pendant vingt ans, le poids de la chaleur et du jour, et quand, vaincu par l'âge, il quitta l'Eglise de la terre pour l'Eglise du ciel, ce fut M. l'abbé Vieille, autre nom bisontin, autre gloire du sacerdoce, qui recueillit ce noble héritage. Mais d'autres labeurs l'attendaient. Il lui fallut échanger la paroisse de Saint-Maurice et ses pieuses douceurs contre les veilles, les peines, les sollicitudes que donne, dans la paroisse de Sainte-Madeleine, le souci d'un grand peuple. Qui ne se rappelle ce beau vieillard, son exquise politesse, son ardente charité, sa sérénité inaltérable : c'était le bon pasteur par excellence !

M. l'abbé Busson le fut à son tour. Austère dans son langage et dans sa tenue, mais d'un commerce agréable, que son premier abord laissait à peine deviner ; inflexible en matière de règles et de principes, mais plein d'indulgence dans leur application, il excellait à reprendre et à instruire. C'était le modèle du catéchiste. Heureuse paroisse, m'écrierai-je encore, car c'est un grand bonheur d'être formé et catéchisé par un vrai docteur des mystères de Dieu.

Après M. Busson, M. Denizot, dont la mémoire sera

longtemps en bénédiction, et dans cette paroisse, dont il fut l'oracle, et dans le chapitre métropolitain, dont il fut le bibliothécaire et le bienfaiteur. Ce n'était qu'un humble vicaire, quand un mot du cardinal de Rohan en fit votre curé. Le grand prélat ne s'est jamais trompé dans ses choix. Il avait le don de discerner les hommes, de les tirer du rang, de les mettre à leur place. M. Denizot peut être cité parmi ceux qui l'ont hautement justifié. Sa voix était faible, sa santé chancelante, sa vie semblait vingt fois sur le point de s'éteindre ; mais, sous ces apparences si frêles, il cachait une force incroyable de ténacité et de dévouement pastoral. Qui connut mieux ses brebis ? Il en savait les noms, il en appréciait le caractère et l'humeur. Mais qui sut mieux que lui le nombre et le malheur des victimes de l'hérésie ? Il révéla, il mit à nu cette plaie jusque-là déguisée. Il rappela les obligations saintes sous lesquelles se forment les mariages mixtes, il prit la plume pour venger les droits de l'Eglise, si souvent méconnus dans cette matière, et le traité qu'il écrivit fait encore autorité.

Citerai-je, après lui, M. l'abbé Verdot, l'un des prêtres les plus populaires du diocèse de Besançon, écrivain agréable, d'une érudition variée, que son mérite appela à l'académie, mais pour qui les veilles studieuses n'étaient que le délassement d'une charité sans égale dans l'exercice du ministère paroissial. Vous l'avez possédé pendant neuf ans, et quand, après avoir occupé la cure de Vesoul, il vint achever sa vie, sous le titre de vicaire général, dans les conseils de son archevêque, son cœur était encore à vous. M. l'abbé Monnot, qui lui succéda, était, par sa piété comme par son instruction, digne de recueillir et de continuer une tradition si belle. Vous ne l'avez connu que pour le pleurer, mais vous l'avez assez connu pour dire : c'était un savant, c'était un saint, et votre chère église, placée sous sa houlette, est demeurée, comme sous le gouvernement de ses prédécesseurs, un asile cher à la prière, un lieu de rendez-vous donné à toutes les bonnes œuvres.

Tel est, en effet, le caractère qui distingue cette église entre toutes celles de la cité. Il n'y a point de fête qui n'y dure huit jours, et ces octaves qui appellent chaque soir les fidèles à l'office des complies n'ont jamais fatigué la piété publique. Mais, du matin au soir, les exercices de la dévotion se succèdent, presque sans s'interrompre, dans cette enceinte privilégiée. Les cierges ne s'éteignent jamais sur les autels. On dirait le *laus perennis*, la psalmodie continuelle des vieux cloîtres. Si elle n'éclate pas dans la bouche des religieux, elle n'en est pas moins agréable au Seigneur. Entrez à telle heure qu'il vous plaira dans l'église de Saint-Maurice, on y prie toujours. Tantôt c'est une confrérie qui s'assemble, tantôt un chapelet récité dans l'ombre. Les sermons s'y succèdent comme les prières, et, parmi ces sermons, il faut citer les exhortations adressées aux Dames de mission, ainsi nommées parce qu'elles s'efforcent de conserver, par

leurs dévotions et par leurs aumônes, les fruits mer-
veilleux des missions de 1825. Voici les solennités du
scapulaire. Quelle foule ! quel recueillement ! quelle
procession superbe, recrutée dans toute la ville, et par-
courant sans ombrage vos rues et vos places ! La fête
de saint Donat amène dans ce sanctuaire l'élite de la
jeunesse bisontine. Ils se présentent à l'autel, comme
leur illustre patron y fut présenté lui-même par ses
pieux parents, et il n'est pas rare que Dieu agrée leur
hommage en marquant, dans cette troupe choisie, quelque jeune homme pieux dont il fera son ministre.

Mais je n'ai pas célébré encore la principale gloire de
l'église de Saint-Maurice. Ici vint chercher un asile, ici
vint exercer son divin ministère, un homme qui fut,
dans notre siècle, le prêtre le plus éminent du diocèse
de Besançon et l'un des modèles de tout le clergé fran-
çais. Vous avez nommé M. l'abbé Cl.-Ignace Busson. Il
avait fréquenté cette église quand son frère en était le
curé. Il en fit, en rentrant dans cette cité, le sanctuaire
vénéré de toutes ses bonnes œuvres. Après avoir ensei-
gné la théologie avec éclat, rempli avec modestie, à la
cour du roi Charles X, les fonctions de catéchiste des
Enfants de France, refusé trois fois l'épiscopat, résisté
même aux instances de Mgr de Quélen, qui l'avait nommé
curé de Notre-Dame, cet homme de Dieu consacra les
vingt-cinq dernières années de sa vie à instruire et à édifier, dans l'église de Saint-Maurice, les âmes qui venaient
volontairement se confier à sa direction. C'était l'élite

du clergé et de la haute société bisontine, et je salue d'ici ce tribunal de miséricorde où il venait s'asseoir, soir et matin, pour entendre les confessions. Mais c'étaient surtout les filles domestiques, recrutées dans toute la ville, dont il fit une association spirituelle, et qui le vénèrent aujourd'hui, dans toute la France, comme leur fondateur, leur maître et leur père. Ni l'âge, ni les rudes hivers, ni l'obscurité de la nuit, ne l'empêchèrent de descendre, chaque matin, de la rue du Chapitre dans ce sanctuaire. Qu'il était touchant de voir ces humbles filles lui frayant un chemin à travers la neige et étendant leurs manteaux sous ses pieds jusqu'au seuil de votre église ! Il en ouvrait le premier la porte, il y célébrait la première messe, interrompue par une courte homélie et suivie de la bénédiction du saint Sacrement ; et quand l'exercice était achevé, ses clientes, instruites, bénies, fortifiées, rentraient dans la maison de leurs maîtres assez tôt pour prévenir leur réveil, tandis que M. l'abbé Busson se revêtait du surplis, s'enfermait, son bréviaire à la main, dans une des stalles du chœur, et se tenait ainsi à la disposition de tous ceux qui venaient réclamer pour leur âme les secours et les consolations de sa compatissante charité.

Après les vêpres du dimanche, l'heure du repos n'a pas encore sonné pour lui. L'église se vide, mais quelques pieux laïques se rapprochent les uns des autres et commencent de nouvelles prières. Voici l'association de la Bonne Mort. Il faut prier, parler, bénir encore.

Le saint vieillard suffit à tout, et les derniers murmures de cette confrérie discrète se prolongent sous ces voûtes jusqu'à l'heure où se ferment les portes du temple. L'église de Saint-Maurice est la première qui s'ouvre à Besançon ; c'est la dernière qui s'y ferme. Bénie soit la paroisse où veille ainsi la piété ! Béni soit le peuple qui la comprend et qui la cultive, en s'enrôlant dans ces œuvres de zèle ! Plus tard, l'Apostolat de la prière viendra établir ses exercices au pied de ces autels. Mais cette œuvre regarde le curé dont nous célébrons le jubilé triomphant. Saluons, avec les paroles de l'Ecriture, un bercail si fidèle, un peuple sur qui règne si visiblement le Seigneur : *Beatum dixerunt populum cui hæc sunt,* et tournons-nous vers le bon pasteur qui le dirige aujourd'hui, pour remercier le Seigneur des grâces dont il l'a comblé pendant les cinquante années de son sacerdoce.

II

Voilà donc, mon vénérable ami, le troupeau qui fut confié à vos soins, avec toutes les traditions, tous les mérites, toutes les œuvres que la piété publique y avait accumulés pendant soixante ans. Je ne dirai rien à votre louange, sinon que vous étiez digne de recueillir un tel héritage. Laissez-moi rappeler à votre peuple par quels degrés vous avez passé avant de monter à cet autel et de vous asseoir dans cette chaire. Ce n'est pas votre éloge que je prononce ; il ne faut voir, dans la rapide esquisse de votre carrière sacerdotale, que le récit d'une grande grâce à laquelle vous avez répondu avec une modeste fidélité.

Votre curé, nos très chers frères, appartenait par sa naissance à une famille honorable, laborieuse et chrétienne, où naquit, comme d'elle-même, sa vocation ecclésiastique. Envoyé, dès son bas âge, au petit séminaire d'Ornans, il y fut remarqué par le digne supérieur de la maison. C'était le savant abbé Dartois, dont on ne saurait trop louer la mémoire. Combien de prêtres lui ont dû la grâce de leur sacerdoce ! Et à quelle hauteur n'a-t-il pas élevé la réputation de son séminaire ! Mais M. l'abbé Nicolin, à peine devenu prêtre, est appelé à son tour à former et à instruire les élèves du sanctuaire. La maison de Consolation vient de s'ouvrir. C'est là qu'il débute avec cette grande et bonne volonté que donne l'ordination à ceux qui viennent de la recevoir. Il aime ses élèves et il en est aimé. Sa douceur n'exclut pas la fermeté, mais la crainte de lui déplaire suffit à la discipline, et sa classe de sixième marche à la parole, parce que cette parole est empreinte de persuasion encore plus que d'autorité. Le cardinal Mathieu disait avec une grande justesse : C'est en élevant les enfants qu'on apprend le mieux à gouverner les hommes. Ne vous étonnez donc pas que l'enseignement public soit le meilleur noviciat du ministère pastoral. On en citerait mille preuves, mais celle que me fournit la vie de votre curé a déjà sa valeur. Après trois ans passés au séminaire de Consolation, son archevêque le nomma vicaire à Arc-lez-Gray. Des circonstances particulières y rendaient difficile l'exercice de son saint état. Il parut à la fois prudent et zélé, agréable au monde, malgré sa timidité naturelle, et habile à diriger les âmes dans les sentiers étroits de la perfection. Les incrédules rendaient hommage à sa foi, et les vrais chrétiens jouissaient de sa piété. On pouvait prévoir dès lors qu'il réussirait partout, et que les bénédictions de Dieu s'attacheraient à ses pas, en quelque lieu, sous quelque soleil que le conduisît l'obéissance.

Ce fut d'abord dans la paroisse de Percey-le-Grand, limitrophe des diocèses de Langres et de Dijon. Nos archevêques ont toujours eu pour règle d'envoyer des ouvriers d'élite travailler sur les frontières de leur territoire, pour faire estimer par leurs voisins les prêtres de Besançon, et communiquer avec eux dans les choses spirituelles qui touchent à l'honneur et à l'avantage réciproques de leurs ouailles. M. Nicolin fut le modèle des curés dans cette paroisse, qui était elle-même le modèle des paroisses. Il pratiquait l'hospitalité avec ce désintéressement et cet abandon qui caractérisent le clergé comtois, et son presbytère était fréquenté par le clergé de Langres et de Dijon, comme par celui de Besançon, avec une assiduité qui mettait dans un grand relief les qualités de sa belle âme. Il aurait volontiers fixé sa tente sur cette terre, qui garde encore une part de son cœur. Mais il faut la quitter, après quinze ans de bonheur pastoral; il faut apporter les consolations de son ministère à une paroisse désolée par le choléra. Pesmes, Gy, Dole, Gray, et tous les villages qui les entourent, viennent d'être victimes du fléau. Pesmes a perdu son curé, et la peste le décime encore. Venez, mon vénérable ami, venez réparer ces ruines et reprendre la place de ce bon prêtre (1), qui vient d'être frappé au chevet des mourants. Pourriez-vous hésiter un seul jour ? Non, car si on refuse les honneurs, on ne se refuse jamais au dévouement et au sacrifice. Pesmes, comme Percey-le-Grand, connaîtra et bénira le bon pasteur. Grâce à son intervention, dès la seconde année de son ministère dans cette paroisse, l'administration municipale confia ses écoles à l'institut des Frères, qui y ont instruit la jeunesse pendant vingt ans. Mais Pesmes, à son tour, pleurera son pasteur le jour où l'obéissance lui fera le devoir de monter plus haut.

Voici du moins sa dernière halte. En appelant M. l'abbé Nicolin à la cure de Saint-Maurice de Besançon, le cardinal Mathieu a voulu, par ce choix heureux, assurer à cette paroisse le bienfait d'un long gouvernement, et faire consolider tous les ouvrages précédents par une main ferme qui resterait jusqu'à la fin au timon des affaires. Là où cinq curés avaient passé en faisant le bien, le curé actuel fera le bien en demeurant au même poste. Que les honneurs de l'Eglise viennent l'y chercher, ils ne le détacheront pas du moins de son église ni de sa

---

(1) M. Guichard.

paroisse, et vingt-cinq ans du commerce le plus agréable entre le pasteur et ses brebis ne feront que resserrer plus étroitement que jamais les liens sacrés qui les unissent.

Faut-il vous montrer les fruits de ce long ministère ? Au dedans et au dehors, leur éclat frappe tous les yeux. Cette église a repris la noble parure que la pierre lui avait donnée, les murs et les piliers ont été dépouillés du badigeon qui les couvrait, au grand détriment de leur architecture, et les matériaux du temple apparaissent dans toute leur beauté. Les ornements des autels sont renouvelés avec goût, les fenêtres sont garnies de riches verrières, l'orgue se complète ainsi que la sonnerie, et l'artiste chrétien qui donne à cet instrument plus d'étendue et de portée que n'en comporte son modeste aspect vient célébrer aujourd'hui, sous ses doigts harmonieux, son jubilé avec celui de son curé, car il y a cinquante ans qu'il embellit, par son jeu savant, les fêtes de cette église.

Citerai-je la salle de catéchisme, bâtie au chevet du sanctuaire ? Le presbytère n'est plus errant ; on le fixe à côté du temple, et le curé veille nuit et jour sur la lampe du saint lieu. Mais comment oublier que ces acquisitions ont été faites d'un commun accord entre la fabrique et la municipalité ? C'est l'honneur de la ville de Besançon de faire, malgré tout, une part à l'Eglise dans son budget, et de laisser aux solennités de notre culte un libre parcours dans nos rues et sur nos places. Elle se distingue heureusement par là de tant de cités qui ont abjuré les traditions des pères et des ancêtres. Elle justifie toujours ce que j'appellerai la partie divine et impérissable de sa devise : *Deo et Cæsari fidelis perpetuo*. Les maîtres du jour, les Césars ont changé de nom, et ils en changeront encore. Mais Dieu reste, et son Eglise avec lui. O cité de Besançon, demeure fidèle à ton Dieu, et cette fidélité fera, sous tous les régimes, ta tranquillité et ton bonheur.

Ni votre curé, ni ses vénérables collègues, ni les prélats qui ont gouverné ce diocèse, n'ont rien omis pour faciliter et perpétuer cet admirable accord entre l'Eglise et la cité. Leur modération, leur tact, leur perspicacité, sont au-dessus de tout éloge. Ils connaissent leurs brebis, leurs brebis les connaissent, et cette connaissance mutuelle leur assure, dans une sécurité commune, les bienfaits de la paix.

Mais j'ai des actions de grâces plus vives et plus légitimes encore à rendre à votre curé. Il n'a jamais vu, il ne voit nulle part, moins que jamais, autre chose que des âmes dans les paroissiens confiés à ses soins. Sans préjugés, sans parti pris, sans préoccupations politiques, sans haine ni faveur pour les personnes : Des âmes, dit-il, donnez-moi des âmes, et gardez tout le reste. Quelle tendre affection envers les enfants ! Quel zèle déployé autour des jeunes gens, pour les éloigner des tentations de leur âge ! Que d'utiles conseils aux pères de famille pour l'établissement de leurs enfants ! Que de larmes versées avec les affligés ! Que de visites multipliées au lit des malades ! Que de consolations prodiguées aux mourants ! S'il a des privilégiés, ce sont les pauvres, et parmi les pauvres, ceux qu'il faut assister discrètement. Tout est dit par le mot de l'Evangile : *Je connais mes brebis, et mes brebis me connaissent.* Appliquez le mot à chaque famille, et vous aurez l'histoire abrégée des relations de votre curé avec la paroisse de Saint-Maurice depuis vingt-cinq ans, avec toutes les âmes dont il a été chargé depuis cinquante ans, avec toutes celles qu'il doit encore édifier et instruire jusqu'à la fin de ses jours, car il a été et il sera toujours le bon pasteur : *Ego sum pastor bonus.*

J'hésite à vous rappeler un des plus beaux traits de son apostolat au milieu de vous. Mais non, je n'hésiterai pas. Ce trait appartient à l'histoire de la cité et de la littérature contemporaine ; c'est un trait de conversion, et je ne sais auquel il fait le plus d'honneur, ou du pasteur qui a couru après la brebis, ou de la brebis qui s'est laissé rapporter dans le bercail par le bon pasteur.

Qui, parmi les anciens de la cité, n'a connu Charles Weiss, notre immortel bibliothécaire, l'ami de tous les savants et de tous les gens de bien, le patriarche de notre littérature franc-comtoise ? Il était né, comme son siècle, dans l'incrédulité ; il est mort, il y a vingt ans, dans les bras du christianisme, et cette conversion sincère, durable, vraiment touchante, fut l'œuvre de votre curé. Ce fut par des relations de bon voisinage qu'il le gagna d'abord. Il entra chez lui comme voisin, il y demeura comme ami, il en sortit victorieux comme confesseur et comme père. Mais quelle sollicitude ! Que de peines et de prières ! Là où cent autres auraient échoué, il réussit à force de bonté et de persévérance. Nous avons entendu, nous avons vu ce vieillard se débattre entre l'incrédulité et la foi. Il nous disait : « Il vous est facile de croire, vous qui avez cru dès le berceau. Mais nous, les fils de Voltaire et de la Révolution, nous voudrions croire, et nous ne le pouvons pas ! » Cependant votre bon curé revenait, pressait doucement, insistait un peu, s'arrêtait à propos. S'il apprenait que son catéchumène avait fait quelque épigramme contre lui, bien loin de s'en offenser ou de s'en plaindre, il s'attachait à lui avec plus de ferveur encore, et il reprenait courage devant la résistance. Enfin Pâques arrive, le devoir presse, et le savant se rend à l'homme de Dieu. D'une pâque à l'autre, il faut l'entretenir dans ses bons sentiments, dissiper les doutes qui renaissent, éclairer des points encore obscurs, substituer les bonnes lectures aux lectures dangereuses, garder enfin à Dieu et à l'Eglise cette précieuse conquête. Cette tâche difficile, vous l'avez accomplie, mon vénérable ami ; c'est par vous que les derniers jours de Charles Weiss ont appartenu à la religion ; c'est vous qui l'avez fait mourir le crucifix à la main ; c'est à vous que nous en rendons grâces après Dieu, en saluant en vous encore une fois le bon pasteur.

Ma tâche est achevée, mais la vôtre continue dans

cette excellente paroisse. Continuez le cours de vos pacifiques conquêtes, portez le flambeau de la foi au lit des mourants, avec un zèle plus grand encore et une autorité que l'âge affermit, au lieu de l'ébranler. Préservez votre troupeau de l'incrédulité qui recommence au déclin de notre siècle. Qu'on n'y connaisse jamais ni les baptêmes maçonniques, ni les hontes du divorce, ni les enterrements civils. Vous connaissez vos brebis; fasse le ciel que toutes vos brebis, sans exception, vous reconnaissent toujours ! C'est sur ce vœu que j'allais finir; mais la fête que l'Eglise de Besançon célèbre aujourd'hui m'impose encore un autre vœu, un vœu tout bisontin et tout comtois, qui monte de votre cœur à mes lèvres, et qui est au fond de toutes les âmes.

Il y a quinze siècles, le 5 septembre 371, une grande nouvelle éclata dans la ville de Besançon. Un tribun militaire venait de découvrir les corps des saints Ferréol et Ferjeux au fond de la grotte où ils avaient été ensevelis après leur martyre. On les avait retrouvés tels que la piété de leurs disciples les avait cachés pour les faire reconnaître un jour, en les mettant d'abord à l'abri des tyrans et des bourreaux. Ils portaient encore les marques de leur supplice, et leurs têtes, tranchées par le glaive, étaient percées des trente alènes qui les avaient couronnées avant de recevoir le coup de la mort. A cette nouvelle, toute la cité se précipite à la rencontre des saintes reliques. Saint Aignan, évêque de Besançon, se met à la tête du clergé et du peuple, et ramène en triomphe les corps des martyrs. Des miracles éclatent sur leur passage, la vertu qui sort de leurs os continue à se révéler de siècle en siècle de la façon la plus merveilleuse, et c'est pourquoi, de siècle en siècle, l'Eglise de Besançon continue à chanter, en souvenir de cette Invention glorieuse : Souvenez-vous de ceux qui vous ont apporté la parole de Dieu, voyez leur fin et imitez leur foi : *Memento præpositorum vestrorum qui vobis locuti sunt verbum Dei*.

Chantons l'anniversaire de ce beau jour et mêlons-en l'accent triomphal aux émotions de la fête qui nous rassemble. Nous sommes tous les fils spirituels des saints Ferréol et Ferjeux. Evêques, prêtres, fidèles, c'est leur foi qui nous anime, c'est leur parole qui nous a faits, d'âge en âge, enfants de Dieu et de l'Eglise. Voilà que leur culte se réveille et que la grotte d'où l'on a tiré leurs corps s'agrandit, se transforme en une crypte superbe, où toute la province pourra apporter ses vœux et ses offrandes. L'église supérieure est commencée, un architecte ingénieux en a dressé le plan, les murs s'élèvent d'assise en assise, et la beauté de l'édifice se révèle avec son incomparable solidité, ses ornements sévères et ses harmonieuses proportions.

C'est à vous, Monseigneur l'archevêque, à vous que revient, après Dieu, la glorieuse responsabilité de ce grand ouvrage. C'est votre génie, inspiré par la piété et la reconnaissance, qui a voulu entreprendre ce que les

Paulinier et les Mathieu avaient préparé. Ni les aumônes ni les prières ne vous manqueront pour achever
l'édifice. Nous demanderons à Dieu qu'il diminue quelque chose de nos jours pour ajouter aux vôtres ; les
pauvres, à défaut des riches, se feront les coopérateurs
de votre magnifique dessein ; Dieu, qui vous a tout donné
pour le servir avec gloire, vous donnera par surcroît le
temps qui est nécessaire à toutes les entreprises du zèle
épiscopal, et vous couronnerez de vos mains la basi-
lique dont vous avez jeté les fondements.

Et nous, Monseigneur d'Hermopolis, enfants des
Ferréol et des Ferjeux, nous viendrons, vous et moi,
nous agenouiller, comme aux jours de notre cléricature,
sur cette poussière mêlée au sang des martyrs ; nous nous
y renouvellerons dans l'esprit de notre vocation, au
milieu des magnificences que l'art et la foi étaleront
sous nos yeux dans cette grotte sacrée, et nous demanderons, pour les peuples confiés à nos soins, la grâce de
demeurer jusqu'à la fin, sur une terre lointaine, les
dignes enfants des saints Ferréol et Ferjeux.

Ce vœu, nos très chers frères, renferme tous les
autres. Il est aujourd'hui plus que jamais celui de votre
vénérable curé ; il est celui de toute sa paroisse et de
tout le diocèse. Nous sommes les enfants des saints,
imitons leur foi, souvenons-nous de leurs exemples, et
attendons avec confiance cette vie immortelle, cette fête
céleste dont les années ne se comptent ni par cinquan-
taine ni par centaine, mais dont la joie se renouvelle,

sans ombre, sans mesure et sans terme, dans les délices inénarrables de la bienheureuse éternité.

A la fin de la messe, M. Nicolin, curé de Saint-Maurice, est monté en chaire pour adresser à NN. SS. les archevêque et évêques, et à ses bien-aimés paroissiens, les remerciements suivants :

MESSEIGNEURS,

La pensée qui domine en ce moment mon cœur est de remercier Vos Grandeurs pour l'éclat si solennel que votre présence donne à cette imposante cérémonie.

L'expression de mes sentiments de gratitude se renferme dans cette simple parole : Je vous remercie de tout mon cœur, Messeigneurs, et je conjure le Tout-Puissant de vous donner la récompense due à l'œuvre éminente que vous venez d'accomplir en prenant part à cette fête sacerdotale.

Votre présence à cette fête, Messeigneurs, et les grandes considérations qu'une voix si éloquente et si aimée vient de faire entendre avec des accents qui ont retenti tant de fois dans notre cité, puis au loin dans les plus grandes villes, révèlent au plus haut point le but si élevé de cette sainte cérémonie.

Ce grand but est d'attirer l'attention sur la sublime élévation du sacerdoce catholique, et de rappeler les ineffables intimités du prêtre avec Notre-Seigneur, au saint sacrifice de la messe.

Ce grand but est de rendre des honneurs tout divins

à ce mystérieux caractère du prêtre qui fait de lui un autre Jésus-Christ.

Cette cérémonie sainte reporte aussi la pensée vers les sommets de l'ordre sacerdotal, et invite à prier pour tout ce qui tient aux divers besoins du souverain pontife, dont le monde catholique va bientôt célébrer les noces d'or.

Toutes ces choses sont parfaitement comprises par ces éminents dignitaires, par ces vénérés prêtres, par ces bons religieux et tous ces pieux fidèles qui ont voulu, par leur présence et par leurs prières, donner leur concours à ces religieuses manifestations en l'honneur du sacerdoce.

A eux tous aussi mes plus sincères remerciements, ainsi qu'aux membres si zélés de la société chorale qui se plaisent à embellir nos saintes cérémonies par leurs chants pieux.

Leur digne chef, qui vient d'achever sa cinquantième année comme chargé de notre orgue, mérite, à cause de cette circonstance, des remerciements tout particuliers.

En les lui adressant, j'y joins ceux qui lui sont dus pour l'empressement pieux avec lequel il a toujours aimé à contribuer à l'embellissement de nos cérémonies saintes et au décor de notre église.

Mes bien chers frères, ai-je besoin de vous le faire remarquer? mon humble personne tient ici une bien petite place. Cependant, je demande instamment qu'on n'oublie pas qu'un but secondaire de cette fête sacerdotale me concerne personnellement.

Ce but est de m'aider à remercier Dieu des grâces reçues pendant ce long ministère. C'est de m'aider aussi à demander pardon à Dieu de ce qu'il y a eu de défectueux dans mes intimités avec Notre-Seigneur au saint autel, et dans les saintes œuvres, dans les grands devoirs auxquels m'appelait mon ministère.

Le but enfin de cette solennelle cérémonie, à laquelle vous prenez une part si pieuse et si sympathique, est de m'aider à obtenir l'assistance d'en haut pour passer saintement les derniers instants de ma vie, et à faire, du peu de temps qu'il me reste à passer sur la terre, une préparation soignée pour aller paraître devant Dieu.

J'ose donc insister, mes frères, pour que vous sachiez ne pas oublier la part qui me revient dans cette fête sacerdotale, qui a pour fin principale l'honneur du sacerdoce, la défense des grands intérêts de l'Eglise et le salut des âmes.

Prenez donc soin, mes frères, de joindre vos prières à celles des éminents pontifes, que je remercie de nouveau en les priant de nous bénir tous, et en particulier le pasteur et le troupeau.

BESANÇON, IMPRIMERIE DE PAUL JACQUIN.

9 782329 492971